Willi Tobler · Hans de Beer

Tschimi in der Schule

Willi Tobler

Tschimi in der Schule

Mit Bildern von Hans de Beer

Otto Maier Ravensburg

Gedruckt auf chlorfrei gebleichtem Papier

3 4 5 6 95 94 93 92

Ravensburger Blauer Rabe

Umschlagkonzeption: Rotraut Susanne Berner
Umschlagbild: Hans de Beer
Gesamtherstellung: Mohndruck, Gütersloh
Printed in Germany
ISBN 3-473-34247-5

Inhalt

Der erste Schultag

Heute geht Tschimi zum ersten Mal
in die Schule.
Er ist ganz aufgeregt.
Sein Herz klopft.
Schon um fünf Uhr am Morgen
schnallt er seine Schultasche
auf den Rücken
und marschiert um den Eßtisch herum.

Er freut sich sehr
und hat doch auch ein wenig Angst.
Die Lehrerin steht vor der Tür.

„Guten Tag", sagt sie.
„Wie heißt du denn?" fragt sie.
„Ich heiße Tschimi", sagt Tschimi.
„Und wie heißt du?" fragt Tschimi.
„Ich bin Frau Donnerwetter",
sagt die Lehrerin.

Donnerwetter, denkt Tschimi.
Hoffentlich schlägt da der Blitz nicht ein.

Der Banknachbar

Neben Otto ist noch ein Platz frei.
Otto hat blonde Haare
und eine spitze Nase
und eine sehr hohe Stimme.
Tschimi will sich setzen.
Da zieht ihm Otto den Stuhl weg.
Plumps!
Tschimi sitzt auf dem Boden.
Alle Kinder lachen,
und Tschimi hat einen roten Kopf.

„Neben Otto möchte ich nicht sitzen“,
sagt Tschimi zu Frau Donnerwetter.
„Möchtest du lieber
neben Xaver sitzen?“
fragt die Lehrerin.
Tschimi schüttelt den Kopf.
„Neben Niklaus?“
Tschimi schüttelt den Kopf.
„Oder neben einem Mädchen?“

Tschimi schüttelt den Kopf und sagt:
„Am liebsten möchte ich
neben Ihnen sitzen,
Frau Donnerwetter."

Schließlich setzt er sich doch
neben Otto.

Was willst du werden?

„Ich stelle euch einmal
eine schwierige Rechenaufgabe",
sagt Frau Donnerwetter.

„Wieviel ist eins und eins?"
Tschimi weiß es.
„Und wieviel ist denn zwei und zwei?"
Tschimi weiß es.
Tschimi weiß alles.
Er weiß mehr als die Lehrerin.
„Was willst du denn einmal werden?"
fragt Frau Donnerwetter.
Tschimi sagt:
„Ich will Lehrer werden!"

Lehrer Tschimi

„Ich muß ans Telefon",
sagt Frau Donnerwetter.
„Tschimi ist inzwischen der Lehrer."
Dann geht sie telefonieren.
Tschimi geht ans Lehrerpult und sagt:
„So, ihr lieben Kinder,
wir wollen miteinander rechnen!"
Aber die Schüler
lachen den Lehrer Tschimi aus.
Otto steigt auf den Tisch
und macht dem Lehrer
eine lange Nase.
Niklaus streckt ihm die Zunge raus.
Xaver schmeißt den Radiergummi
an die Wandtafel.
Eva und Marta spielen Fangen.

Filippo kriecht
unter Stühlen und Bänken durch.
Es wird getobt und gelacht
und gerumpelt.
„Ruhe!“ brüllt Lehrer Tschimi.
Aber es nützt nichts.
Jetzt greift Lehrer Tschimi ein.

Er bindet alle Schüler
mit Schnüren an ihren Stühlen fest,
und dann klebt er jedem
einen Aufkleber auf den Mund.
Aufkleber hat er immer bei sich.
Die sammelt er.

Als Frau Donnerwetter zurückkommt,
ist es mucksmäuschenstill.
„Wenn es doch immer so wäre", sagt sie.
„Das wäre schön."

Haustiere

„Ihr dürft eure Haustiere
in die Schule bringen“,
sagt Frau Donnerwetter.
„Jeden Tag ein Tier“, sagt sie.
Am Montag bringt Eva ihren Hund mit.
Am Dienstag kommt Xaver
mit seinem Meerschweinchen.
Am Mittwoch hat Marta
einen Goldfisch dabei.
Otto kommt mit seiner Katze.
Heute ist Tschimi an der Reihe.
Alle Kinder sind schon
im Klassenzimmer.
Sie warten nur noch auf Tschimi.
Im Gang draußen hört man plötzlich
ein Getrampel.

Und dann macht es ganz laut:
„Muuuuuuuuuh!“
Jetzt geht die Tür auf,
und Tschimi kommt
mit einer schönen Kuh
in die Schule.
Die Kinder kreischen,
und Frau Donnerwetter schlägt
die Hände über dem Kopf zusammen.

„Sie heißt Olga“, sagt Tschimi.
Er bindet die Kuh an der Wandtafel fest.
Dann melkt er sie.

Und in der Pause trinken alle Kinder
ein Glas Milch von Tschimis Olga.

Bärengebrumm

„Wir wollen singen",
sagt Frau Donnerwetter.
„Kommt der Igel zu der Katze",
singen die Kinder.
„Wer singt denn da so falsch?"
fragt Frau Donnerwetter.
Niemand. – Also weiter.
Aber es tönt jämmerlich.
Frau Donnerwetter
hört bei allen Schülern.
„Tschimi singt falsch", sagt sie,
„wie ein Brummbär."
Tschimi wird rot im Gesicht.

Am andern Tag bringt Tschimi
seinen Kassettenrecorder mit.

Er versteckt ihn unter seinem Pullover.
„Ich singe euch etwas vor", sagt er.
Er schaltet das Gerät ein und tut so,
als sänge er selber.
Er macht einfach seinen Mund
auf und zu.

Wunderschön klingt es.
Die Kinder staunen,
und Frau Donnerwetter
hat Tränen in den Augen,
so schön singt Tschimi.
Frau Donnerwetter sagt:
„Tschimi wird mal ein Opernsänger!“

Zugabe

Im Schulzimmer steht ein Klavier.
Aber Frau Donnerwetter spielt nie.
Sie kann gar nicht spielen.
Tschimi fragt:
„Darf ich einmal auf dem Klavier
spielen?"
Frau Donnerwetter sagt:
„Ich will nicht, daß jemand nur so
auf dem Klavier hämmert und klimpert."
„Nein", sagt Tschimi.
„Ich hämmere nicht,
ich spiele ganz schön."
„Also gut", sagt die Lehrerin.
Tschimi setzt sich ans Klavier.
Zuerst spielt er ein Lied,
und alle singen mit.

Dann spielt er einen Tango.
Man meint, Tschimi hat vier Hände,
so schnell geht das.
Und Otto tanzt mit Marta,
und Frau Donnerwetter lacht.
Jezt hört Tschimi auf zu spielen.
Er mag nicht mehr, er ist müde.

Aber alle rufen:
„Zu-ga-be! Zu-ga-be!"
Da setzt sich Tschimi
noch einmal ans Klavier
und spielt einen Rock'n Roll,
und alle klatschen im Takt.

Der Prinz im Märchenland

Die Lehrerin erzählt
ein Märchen von einem König.
Der König hat
eine wunderschöne Tochter.
Und wer die Tochter heiraten will,
muß einen großen, bösen,
siebenköpfigen Drachen besiegen.
Der Drache hat schon
viele junge Prinzen verschlungen.

Tschimi schaut aus dem Fenster.
Er hört gar nicht mehr richtig zu.
Tschimi träumt …
Gerade geht Prinz Tschimi zum König
und sagt: „Ich will Eure Tochter,
die Prinzessin Donnerwetter, heiraten."

Und dann kämpft Prinz Tschimi
mit dem Drachen.
Und er schlägt ihm
alle sieben Köpfe ab
und heiratet die Prinzessin Donnerwetter
und wird reich und glücklich.

„Du gähnst ja, Tschimi!“
ruft Frau Donnerwetter.
„Bist du müde?“
„Ja“, sagt Tschimi.
„Ich habe eben
den bösen Drachen besiegt.“

Maler Klecksel

Die Lehrerin verteilt
Farben und Pinsel und Papier.
„Ihr dürft etwas malen", sagt sie.
Tschimi malt Tiere:
rote Affen mit grünen Nasen,
gelb-schwarz gestreifte Elefanten,
ein blaues Pferd mit weißen Tupfen,
schwarze Krokodile, karierte Löwen.
Frau Donnerwetter geht
von Kind zu Kind.
Jetzt kommt sie zu Tschimi.
„Aber Tschimi", sagt sie,
„Löwen sind doch nicht kariert!
Und Affen malt man doch nicht rot!
Außerdem haben sie
keine grünen Nasen."

Da nimmt Tschimi den Pinsel
und kleckst Frau Donnerwetter
einen grünen Tupfen auf die Nase.

„Schauen Sie nur in den Spiegel",
lacht er,
„Ihre Nase ist auch ganz grün!"

Gefangen

Tschimi hat ein Salamibrot
unter der Bank.
In der Pause will er es essen.
Doch Otto klaut es
und ißt es heimlich auf.
Während dem Unterricht!
„Pause!“ ruft die Lehrerin.
Tschimi will sein Brot
unter der Bank hervorholen.
Aber es ist nicht mehr da.
Otto lacht und schluckt eben noch
den letzten Bissen hinunter.
Dann rennt er auf den Pausenhof.
Na, warte! denkt Tschimi.
Er schmiert Otto
den ganzen Stuhl voll Kleber.

Nach der Pause stürmt Otto
ins Klassenzimmer
und setzt sich auf den Stuhl.
Dann ruft Frau Donnerwetter
Otto an die Wandtafel.
Otto will aufstehen.
Aber er kann nicht.

Er klebt am Stuhl fest.
Die Kinder lachen,
und Tschimi sagt:
„Hoffentlich hat dir
mein Pausenbrot geschmeckt!“

Ritter Georg

In der großen Pause
rennt Tschimi zum Sandkasten
auf dem Schulhof.
Er formt einen großen Berg,
oben drauf baut er eine schöne Burg,
und um die Burg
macht er eine dicke Mauer.
Fertig.
Tschimi ist ganz stolz auf sein Werk.
Auf einmal steht
ein Viertkläßler neben ihm.
Es ist der große Georg.
„Ich bin der böse Ritter Georg!" sagt er
und zerstampft die schöne Sandburg.
Mit beiden Füßen trampelt er
auf dem Sandhügel herum.

Er lacht dazu.
Und Tschimi weint.
Und Georg lacht ihn aus:
„Ach, schaut, das Bubilein weint!
Das kleine Bubi muß zur Mami gehen!"
Jetzt stehen alle Kinder
um die beiden herum
und schauen, was da los ist.

Tschimi wischt sich schnell
die Tränen ab.
Dann stellt er sich
vor den Viertkläßler
und sagt:
„Du alter Esel, du!“
Und dann gibt er Georg einen Stoß,
daß er in den Sandkasten fällt.

Da liegt der böse Ritter nun
auf der Ruine.

Die Pausenglocke läutet,
und die Schüler gehen
in ihre Klassenzimmer.
War das vielleicht Tschimis Glück?

Schnellrechnen

„Heute machen wir Schnellrechnen“,
sagt Frau Donnerwetter.
Alle Kinder kriegen ein Blatt.
Frau Donnerwetter
sagt eine Rechnung nach der andern.
Das geht so schnell,
daß Tschimi gar nicht mehr mitkommt.
Er wird immer aufgeregter
und kann
überhaupt nicht mehr rechnen.
Er kann
die einfachsten Rechnungen nicht.
Nicht einmal „zwei und drei“
kann er.
Es kommt ihm alles durcheinander.
Er hat einen Zahlensalat im Kopf.

Tschimi beginnt zu weinen.
Aber Frau Donnerwetter
macht immer weiter
mit dem Schnellrechnen.
Zwanzig Rechnungen!

Und Tschimi hat nur eine einzige richtig.
Er schämt sich.
„Frau Donnerwetter", schluchzt er,
„nächstes Mal nehme ich
aber den Taschenrechner!"

Drachen

Heute wird gebastelt in der Schule.
„Wir machen einen Drachen",
sagt Frau Donnerwetter.
Sie gibt allen Schülern
schönes Papier und Leim
und ganz leichtes Holz.
Dann macht sie vor,
wie man das Papier schneiden muß,
wie man das Holz leimt
und alles zusammensetzt.
„Ihr müßt ganz sorgfältig arbeiten,
sonst fliegt er nicht", sagt sie.
Tschimi macht schnell
und nimmt die Sache nicht so genau.
Er will zuerst fertig sein
und den Drachen steigen lassen.

Frau Donnerwetter sagt:
„Tschimi, du bist ein Pfuscher!
So fliegt dein Drachen nie!"
Endlich sind auch die andern fertig.
Frau Donnerwetter und die Schüler
steigen auf einen Hügel
und lassen die Drachen steigen.
Tschimis Drachen
gleitet ganz langsam hoch.

Er steigt höher und höher.
Immer höher und weiter
fliegt Tschimis Drachen.
Dann läßt Tschimi
die Schnur los.

Sein Drachen wird winzig klein.
„Der kommt nicht mehr zurück“,
meint Tschimi.
Frau Donnerwetter schüttelt den Kopf.
Sie kann es kaum glauben.

Zwei Wochen später
bringt der Briefträger
ein großes Paket in die Schule.
Frau Donnerwetter packt es aus.
Tschimis Drachen ist drin.
Und ein Brief:

Dieser Drachen ist
auf unserm Balkon gelandet.
Viele Grüße
von Manuela in Winterthur!

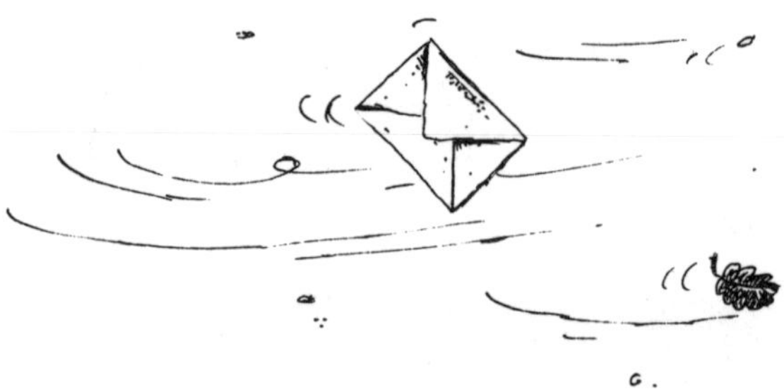

Salto mortale

Frau Donnerwetter
hat in der Turnhalle
eine Gerätebahn aufgestellt.
Barren, Ringe, Reck, Schwebebalken,
Holzreifen, Keulen, Hürden –
alles hat Frau Donnerwetter
hervorgeholt und zu einem tollen
Klettergarten zusammengestellt.
Erst geht es schön langsam
über die Geräte, dann muß man
im Zickzack um die Keulen kurven,
schön vorsichtig
über den Schwebebalken gehen,
durch die Holzreifen schlüpfen,
über den Stufenbarren klettern,
an den Ringen schwingen,

über die Hürden springen
... und durchs Ziel!
Dann machen sie ein Wettrennen.
Ein Schüler nach dem andern.
Tschimi kommt ganz zum Schluß
an die Reihe.

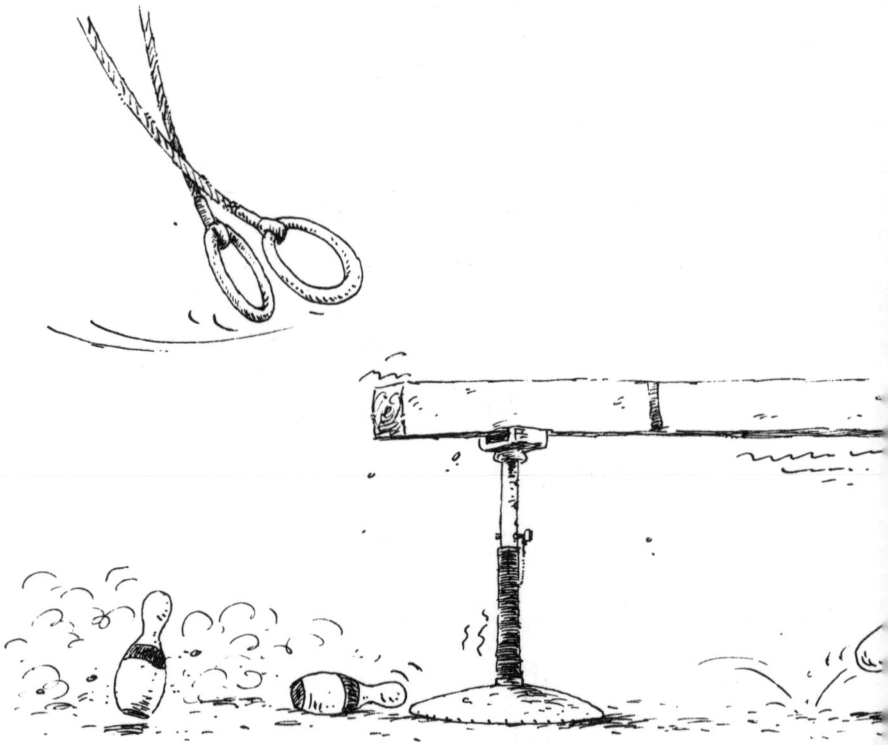

Er will der Schnellste sein.
Er rast wie ein Wilder
über die Geräte.
„Tschi-mi, tscha-tscha-tscha!
Tschi-mi, tscha-tscha-tscha!"
rufen die Kinder.

Jetzt flitzt er über die Hürden –
und bleibt hängen!
Er strauchelt und stürzt und fällt.
„Aua! Aua!“ schreit Tschimi
und hält sich den Arm.
Frau Donnerwetter hilft ihm
auf die Beine.
Sie schaut seinen Arm an
und macht ein ernstes Gesicht.

„Kinder", sagt sie,
„geht ins Klassenzimmer und wartet!
Ich muß mit Tschimi zum Arzt."
Nach einer Stunde kommen sie wieder.
Tschimi hat
einen dicken Verband um den Arm
und trägt ihn
in einer schwarzen Schlinge.
Aber er macht schon wieder
ein fröhliches Gesicht.

Schulfrei

Heute kommt Tschimi
ganz früh zur Schule.
Niemand ist auf dem Pausenhof.
Tschimi ist ganz allein.
Der Wind wirbelt
ein paar Blätter herum.
Wenn heute keine Schule wäre,
denkt er.
Und dann hat er eine Idee.
Er holt einen Zettel
aus der Schultasche und schreibt:
FRAU DONNERWETTER
IST KRANK
HEUTE KEINE SCHULE
Den Zettel klebt er
an die Tür zum Klassenzimmer.

Dann versteckt er sich schnell.
Da kommen auch schon die andern.
Sie lesen den Zettel
und jubeln und hüpfen vor Freude.
Sie wollen nach Hause gehen.
Sie sehen Tschimi und rufen:
„Tschimi, heute ist keine Schule!
Frau Donnerwetter ist krank!"

Tschimi sagt:
„Wer hat euch denn
diesen Bären aufgebunden?
Frau Donnerwetter ist putzmunter.
Seht ihr, da kommt sie schon!"

Frau Donnerwetter
kommt mit einer schweren Mappe
über den Pausenhof.
Jetzt sind alle enttäuscht.
Nur Tschimi schmunzelt.

Der beste Schüler

Am andern Tag
ist Tschimi sehr spät dran.
Die Schulglocke
hat schon geläutet.
Die Kinder sind schon
in ihren Klassen.
Tschimi hastet die Treppe hoch
zum Klassenzimmer.
Da hängt ein Zettel an der Tür.
Tschimi liest:
FRAU DONNERWETTER
IST KRANK
HEUTE KEINE SCHULE
Tschimi denkt:
Mich kriegt ihr nicht dran!
Er klopft: Togg ... togg ... togg ...

Nichts regt sich.
Langsam öffnet er die Tür.
Das Klassenzimmer ist leer.
Niemand ist da.
Alle Stühle stehen auf den Bänken.
Tschimi geht zu seinem Platz.
Er nimmt den Stuhl von der Bank
und setzt sich.

Er holt sein Lesebuch heraus
und liest laut und deutlich vor.
Dann geht er schnell zum Lehrerpult
und sagt laut:
„Das hast du sehr gut gemacht,
Tschimi! Sehr, sehr gut!
Jezt mußt du aber noch
ins Heft schreiben."
Tschimi setzt sich wieder
an seinen Platz und schreibt.
Dann bringt er sein Heft zum Pult.
Tschimi setzt sich auf den Stuhl
von Frau Donnerwetter
und schaut sein Heft
ganz genau an.
Dann sagt er feierlich:
„Du kannst wunderschön schreiben,
Tschimi! Wunderschön!

Jetzt mußt du mir noch sagen,
wieviel vier und vier ist."
Tschimi rennt an seinen Platz
und ruft laut: „Acht!"
Dann geht er wieder ans Lehrerpult
und sagt:

„Gut, Tschimi, du darfst
nach Hause gehen."
Zu Hause fragt die Mutter
ganz erstaunt:
„Was ist denn los, Tschimi,
du bist schon wieder hier?"
„Ich durfte so früh nach Hause gehen",
sagt Tschimi,
„weil ich der Beste war."

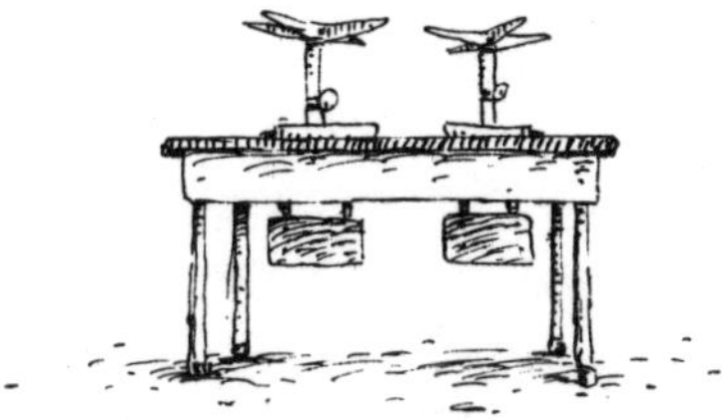

Willi Tobler, 1949 in Niederuzwil in der Schweiz geboren, ist Lehrer in Frauenfeld. Die ersten Kindergeschichten hat er für seine Schüler geschrieben, damit er sie nicht mit Fibeltexten langweilen mußte. Inzwischen ist er, außer Lehrer, auch noch Schriftsteller. „Tschimi ist unglaublich", sein erstes Buch über Tschimi, wurde von der „Holländischen Kinderjury" – das sind 12000 Kinder! – zu einem ihrer fünf Lieblingsbücher gewählt. (Natürlich nachdem es zuvor jemand ins Niederländische übersetzt hatte.)

Hans de Beer ist Holländer. Er lernte in Amsterdam zeichnen, unter anderem bei dem berühmten The Tjong Khing. Heute lebt und zeichnet er abwechselnd in Amsterdam und in Florenz. In der ganzen Welt berühmt wurde er mit seinen Büchern über den „Kleinen Eisbär". Für den Blauen Raben zeichnet er auch die Bilder zu den „Kicherschwein"-Geschichten von Ingrid Uebe.

Willi Tobler / Hans de Beer
Tschimi ist unglaublich

ISBN 3-473-34222-X

Tschimi ist 6 Jahre alt.
Aber er kann schon bis 134 zählen.
Und lesen kann er auch.
Er liest jeden Morgen die Zeitung,
sagt er.
Dazu trinkt er eine Tasse Kaffee.
Dann fährt er mit dem Auto
zur Schule.
So ist das mit Tschimi.
Unglaublich.

Von der Holländischen Kinderjury
als eines von 5 Lieblingsbüchern ausgezeichnet!

Willi Tobler

KARAK und der Zuckerbäcker

48 Seiten mit 38 farbigen Abbildungen
von Rotraut Susanne Berner

ISBN 3-473-34325-0

Jedes Jahr im Herbst
kommt der Riese KARAK
vom Weißen Berg herunter,
um den Leuten im Dorf
alles Süße wegzunaschen.
Das geht schon seit ewigen Zeiten so.
Doch eines Tages
wird es dem Zuckerbäcker Tschaggomo
zu bunt.

---

*Die Geschichte vom verschleckten Riesen,
der viel harmloser ist, als die Menschen denken.*